„Fröhlichkeit darf auch dabeisein."

Bundeskanzler Helmut Schmidt
am 19.1.1978 vor dem Deutschen Bundestag.

D1828687

MARKUS

Das BRD-Dossier

Politische Karikaturen

Der schnarchenden Mehrheit gewidmet

Herausgeber: Henri Nannen
Gestaltung: Bernd Bartmann
Produktion: Druckzentrale G + J
Druck: Brillant Offset GmbH & Co, Hamburg
© Stern-Magazin im
Verlag Gruner + Jahr AG & Co, Hamburg
1. Auflage 1980
ISBN: 3-570-08507-4

Inhalt

Manche Magazine mögen's aufgewärmt; sie verzichten auf eigene Karikaturisten und beschäftigen stattdessen einen „Humor-Redakteur", der die Gazetten durchstreift und nachdruckt, was ihm bemerkenswert erscheint.

Der Ehrgeiz des STERN war es stets, den anderen etwas vorzudrucken. 1964 begann der STERN mit einer eigenen Rubrik „Politische Satire", und heute bringt er Woche für Woche sieben bis acht Seiten pointierte Karikaturen, kritische Satire und schmunzelnden Humor.

„Markus" – der Humor ist bei uns offenbar von Adel, denn so wie der einst auch vom STERN entdeckte „Loriot" in Wahrheit Vicco von Bülow heißt, so heißt „Markus" ganz unbürgerlich Jörg Mark-Ingraban von Morgen – Markus also fand eine für Deutschland ganz neue Form der aktuellen politischen Satire, die er selbst „Storykaturen" nennt: statt gezeichneter Leitartikel erzählt Markus scheinbar reale Geschichten, in denen die bundesdeutschen Politiker ihre ins Komische verfremdeten Rollen spielen.

Wo die herkömmlichen Karikaturisten Ritter Helmut Schmidt zeichnen würden, wie er einem Drachen mit der Aufschrift „Krise" den Kopf abschlägt, tragen bei Markus die SPD-Oberen ihren Kanzler samt Schreibtisch durch's jubelnde Parteivolk. Stöhnt einer der Herren: „Soll er sich doch als Krisenbewältiger feiern lassen so viel er will, aber lange macht meine Bandscheibe das nicht mehr mit!" Treffender kann man die Einstellung der Basis-Sozialdemokratie zu dem Mann an der Spitze kaum zeichnen.

Damit die Atmosphäre stimmt, tüftelt Markus seine Karikaturen mühevoll zu echter Realität zusammen. Nicht nur die Gesichter der Politiker müssen stimmen, sondern auch das Drum und Dran: der Plenarsaal des Bundeshauses, Kohls Wohnzimmer, die Chefetage des Mineralölkonzerns.

Eingeweihte spielen das Markus-Suchspiel. Sie wissen, in seinen Zeichnungen bringt sich der Meister gern selbst unter, in vielen Verkleidungen, mal als Erzbischof, mal als Sittenstrolch. Auch Frau, Kinder und Bekannte müssen gelegentlich mitspielen.

Treffen ohne blutig zu verletzen, karikieren ohne zu beleidigen, mit dem spitzen Pfeil der Satire die Haut des Opfers ritzen und es nicht mit dem Dum-Dum-Geschoß der Politpöbelei umlegen, wie man's gekonnt zu Wege bringt, das zeigt Markus auch im vorliegenden BRD-Dossier.

Henri Nannen

Der eiserne Kanzler

„Erst hat Schmidt dem Parlament
mehr Fröhlichkeit empfohlen, und jetzt ist er sauer,
wenn man ihn beim Wort nimmt!"

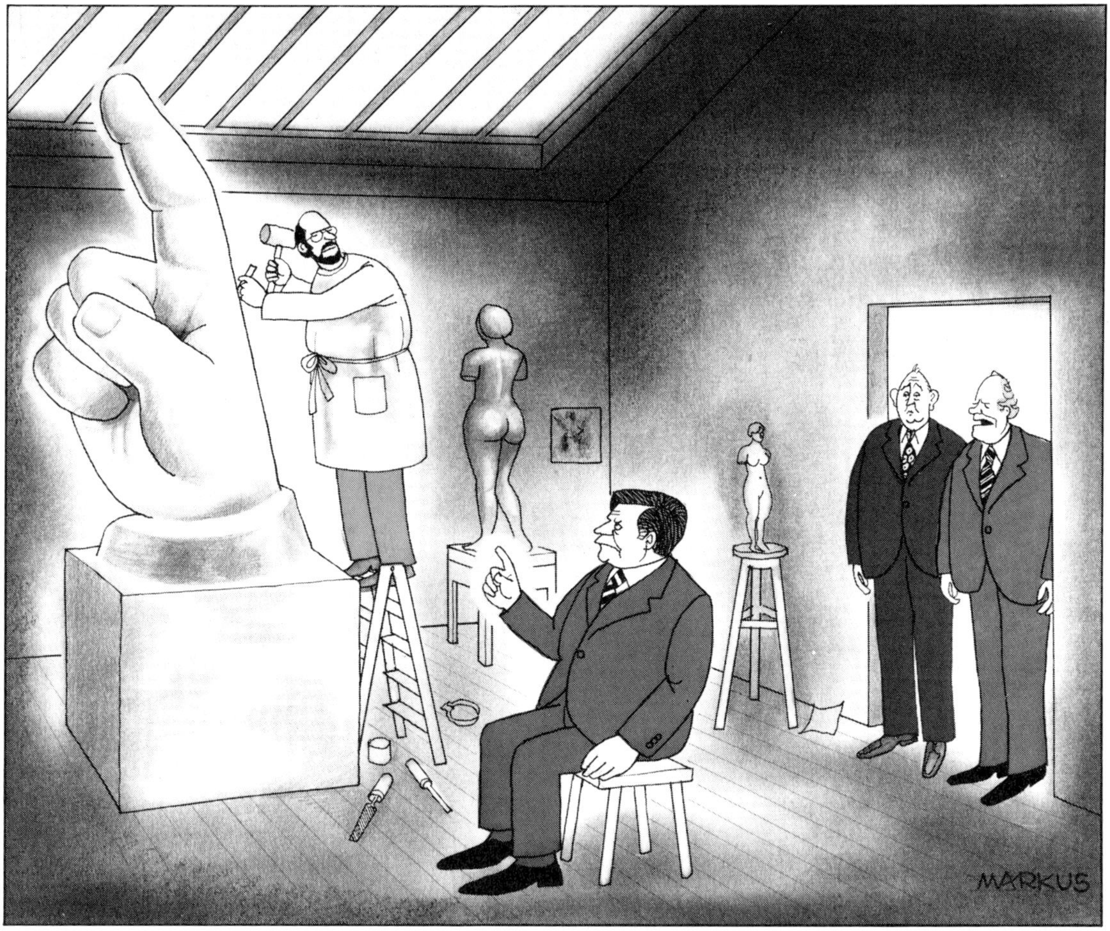

„Es soll eine Überraschung für die nächste europäische Gipfelkonferenz werden!"

„Ich kann guten Gewissens versichern,
daß von Weltuntergangsstimmung bei der SPD
keine Rede sein kann!"

„Ich möchte die Menschen in diesem unserem Lande
darauf hinweisen, daß der Bundeskanzler
auch in der heutigen Diskussion wieder gekniffen hat!"

„Kurz vor der Wahl werden wir noch
ein paar Reformgesetze einbringen müssen!"

„Darf ich daran erinnern, daß wir außer
der Bundesbahnsanierung noch andere Themen auf der
heutigen Tagesordnung haben, meine Herren!"

„Es wird allmählich Zeit, daß Sie sich in der Öffentlichkeit etwas stärker profilieren, meine Herren!"

„Wenn man ihn schon zur ersten Sitzung einlädt, hätte er das Buschmesser ruhig zu Hause lassen können!"

„Für die Diskussion mit der Partei hat der Bundeskanzler heute keine Zeit, aber in der Tagesschau könnt ihr ihn beim Regieren bewundern!"

„Also gut, Herr von Heereman –
wir werden versuchen, in Brüssel eine weitere Preiserhöhung
für die Landwirtschaft durchzudrücken!"

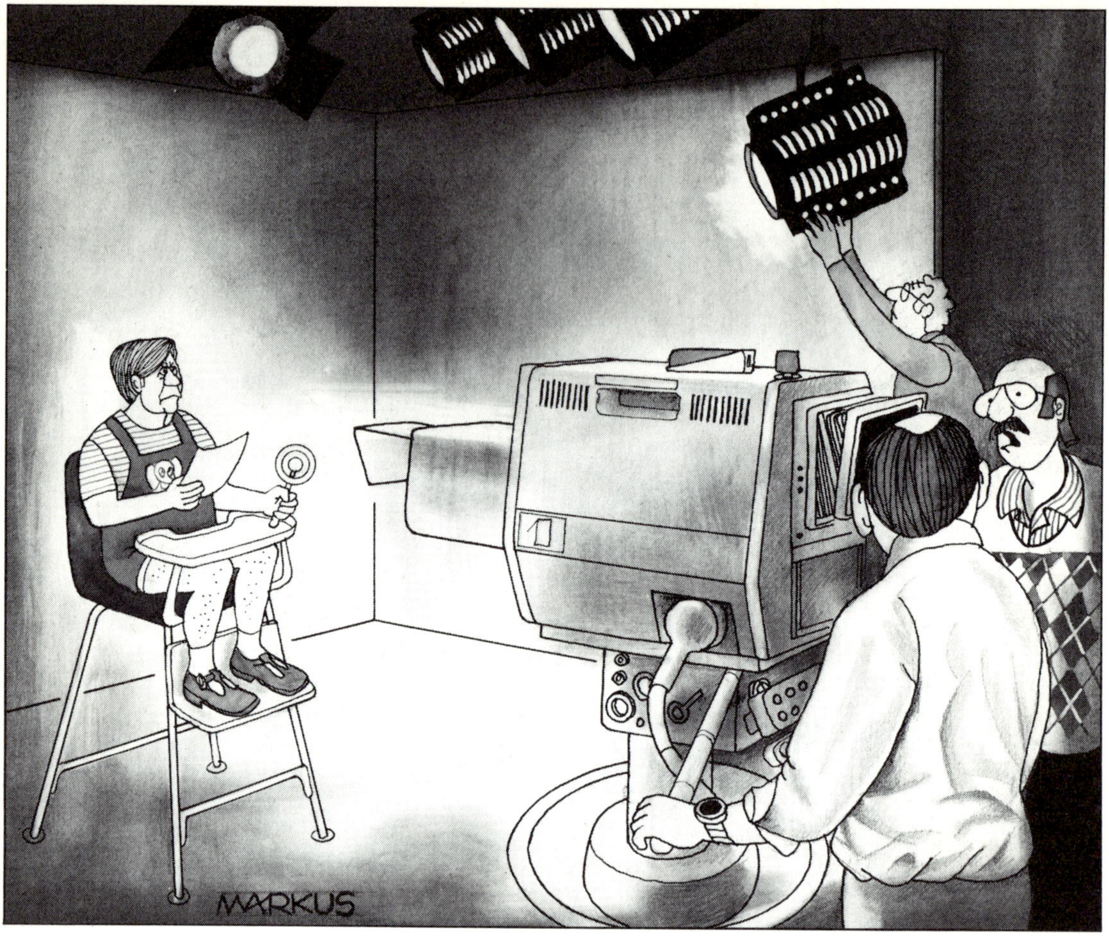

„Soweit ich weiß, wird der Bundeskanzler eine besondere Botschaft zum Jahr des Kindes verlesen!"

„Von mir aus soll er sich als Krisenbewältiger feiern lassen, soviel er will – aber lange macht meine Bandscheibe das nicht mehr mit!"

„Für den Fall, daß die Flügelkämpfe in der Partei offen ausbrechen, hat er immer eine Spezialausgabe des Godesberger Programms zur Hand!"

„Die deutschen Kirchenführer haben mich davon überzeugt, daß die katholische Kirche nicht beabsichtigt, die Sozialdemokraten zu verteufeln!"

„Du mit deiner Scheiß-Bürgernähe!"

„Sein alter Schwung ist wirklich hin –
früher hat sich der Tiger nach spätestens einer
halben Minute in die Ecke verkrochen!"

Ein Kandidat aus Sonthofen

„Ich gönne Ihnen ja Ihren Triumph, Herr Strauß –
aber mußten Sie das Siegerdenkmal
direkt vor meinem Büro errichten lassen?"

„Alle, die vorhaben, in meiner Vergangenheit herumzuschnüffeln, sollen sich dies gut überlegen!"

„Und jetzt wollen wir uns mal in aller Ruhe
über Ihre Rolle als Parteivorsitzender
unterhalten, Herr Kohl!"

„Das wird Strauß sein –
er klopft nie vorher an!"

„Er kommt von der Schauspielervermittlung
und soll bei Stoibers nächster
Pressekonferenz auftreten!"

„Vor morgen früh werde ich wohl nicht
nach Hause kommen, Schatz – Strauß hat offenbar vor,
uns alle seine Affären der letzten 30 Jahre zu erklären!"

„Komm sofort da runter, Elfriede –
und sieh dir in Zukunft vorm Schlafengehen
keine Wahlreden von Strauß mehr an!"

„Aber, aber, Weißgruber – ganz so aktiv
brauchen'S mit der Verfassungstreue auch
in Bayern nicht zu sein!"

„Es ist mir ja inzwischen klar, daß in der Opposition nur einer das Sagen hat – aber könnte ich nicht wenigstens meine Pfeife zurückbekommen?"

„Ich glaube, Strauß hat es Ihnen ziemlich übelgenommen, daß Sie ihn nicht zu Ihrer Wahlparty eingeladen haben!"

„Es ist wirklich kaum auszuhalten –
über mir probt Nina Hagen ihren nächsten
Auftritt und nebenan Franz Josef Strauß!"

„Kollege Hinzelhuber wird es noch einmal weit bringen im bayrischen Staatsdienst!"

„Wenn wir schon Ihr Wahlkampfkonzept übernehmen – kann man die Kugeln nicht wenigstens aus Plastik machen?"

„Können Sie sich einen triftigen Grund denken, warum auf einmal Tausende von Deutschen Ananaszüchter in Alaska werden wollen?"

Volkspartei, ein bißchen links

„Geben Sie das Foto sofort an die Presse,
damit auch die letzten Zweifel an unserer Solidarität
endlich ausgeräumt werden!"

„Such den bösen Stamokap, such, such!"

„Der Klärungsprozeß in der SPD scheint in vollem Gange zu sein!"

„Ich habe nichts gegen Herbert Wehners Hobby – es sind die Figuren, die mich stören!"

„Und du meinst,
daß die Jusos auch diesen Landesverband
weitgehend unterwandert haben?"

„Wir sollten Herrn Klose sagen, daß er sich fürs erste genug profiliert hat!"

„Der Herr Erzbischof hat wieder ein SPD-Mitglied in der Gemeinde entdeckt!"

„Ich finde, es sollte ihm derjenige gratulieren,
über den er sich in letzter Zeit am wenigsten geärgert hat!"

„Habt ihr denn keinen Dolmetscher mitgebracht?"

„Selbstverständlich achten wir streng darauf, daß der Parteienproporz überall eingehalten wird – der Kommissar ist CDU-Mitglied, die Leiche SPD-Anhänger!"

„Wie kommst du bloß darauf, daß jemand vorhat,
an deinem Sessel zu sägen, Herbert?"

„Entschuldigt, Genossen – ich habe offenbar das falsche Buch eingepackt!"

„Den Vorwurf der Verfilzung muß ich
auf das entschiedenste zurückweisen!"

„Mit den Investitionen fängt es an –
wer weiß, was ihr Sozis sonst noch alles
lenken wollt!"

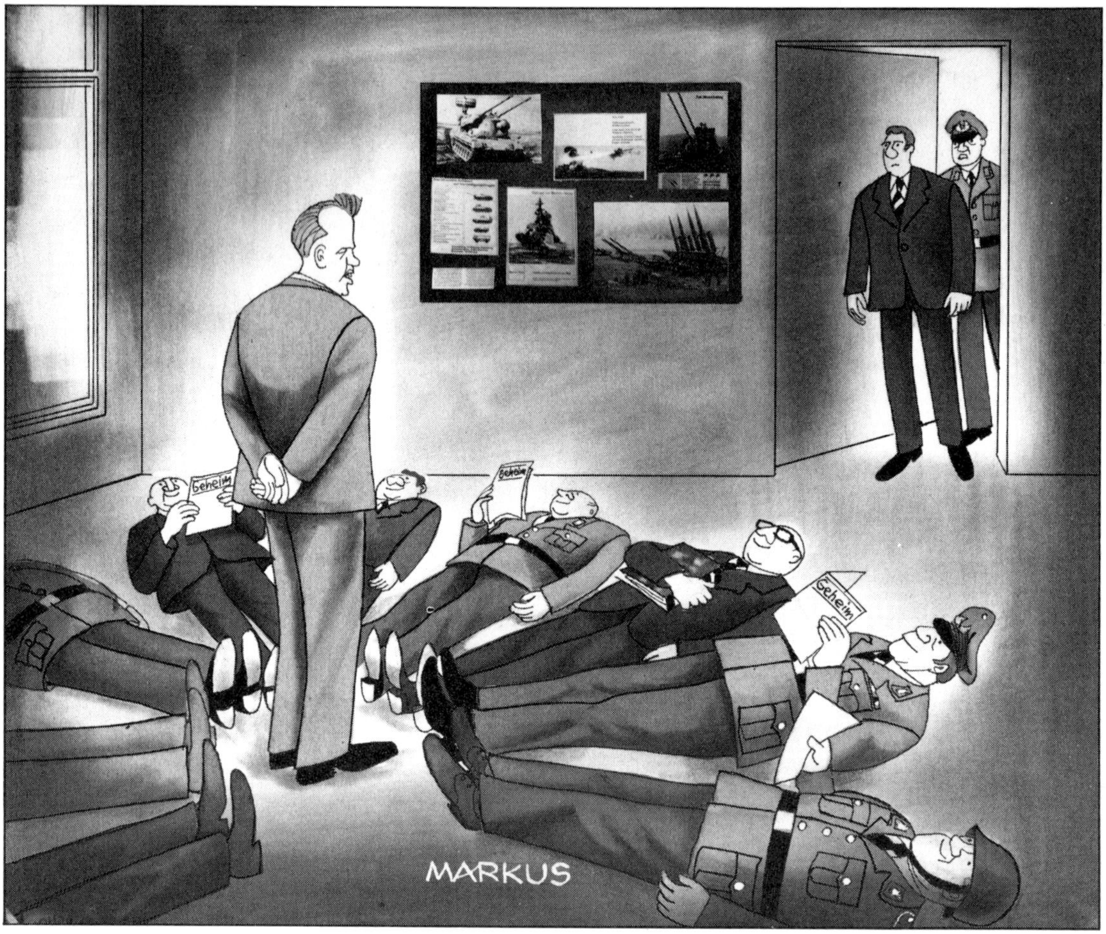

„Minister Apel läßt sich gerade eingehend über die Neutronenbombe informieren!"

„Eigentlich ist das mit der Verfilzung
bei uns gar nicht so schlimm – wir wissen nur nie,
wessen Apparat gerade geklingelt hat!"

„Und was sagt ihr dazu, Genossen, daß nun
auch die letzte parteieigene Zeitung eingegangen ist?"

„Sie sind also sicher, Herr Klose,
daß in der Hamburger Verwaltung jetzt
ein ganz neuer Wind weht?"

„Hier geht es nicht darum, ob Ihnen Sauerbraten schmeckt oder nicht, werter Herr – hier geht es um die Fraktionsdisziplin!"

„Die zerstrittenen Genossen möchten,
daß du ihnen ein paar
besänftigende Worte sagst!"

Unionschristen

„Ich finde, du könntest dein
Ich-werde-Kanzler-Lächeln allmählich
wieder absetzen!"

„Ich schwöre, daß ich meine Kraft dem Wohle des deutschen Volkes widmen werde – vorausgesetzt natürlich, daß ich mich hieran später noch erinnern kann!"

„In unserer ersten Quadrophonie-Versuchssendung
hören Sie jetzt Näheres
über das Wirtschaftsprogramm der CDU/CSU!"

„Sein Kostüm steht ihm wirklich gut –
ich fürchte nur, der Dolch ist echt!"

Anstatt hier herumzujammern, solltest du dich freuen, daß Strauß es dir wenigstens ermöglicht hat, das Gesicht zu wahren!"

„Der Herr Albrecht mag sich für einen tollen politischen Senkrechtstarter halten – er sollte trotzdem lieber den Fahrstuhl benutzen!"

„Ich weiß nichts davon, daß unser neuer Bundespräsident durch diese Gegend wandern wollte – aber vielleicht sollten wir den Herrn sicherheitshalber hereinbitten!"

„Glauben Sie ja nicht, daß es Ihnen so leicht fallen wird,
mich in die Wüste zu schicken!"

„Wann wird die CDU endlich merken, daß Angstmache keine Alternative zur Regierungspolitik ist, Herr Dregger?"

„Ich glaube, unsere Freunde von der CDU rechnen auch diesmal wieder mit einer größeren Wahlkampfspende!"

„Egal, ob die Holländer echt sind
oder nicht – das ZDF war Helmut Kohl
eine Genugtuung schuldig!"

Sehr geehrtse Frä7lein Müller! Leidre kann
Ihre Bewerbnug nix nicht berücksich&igt wreden,
da ich asu Sixherhietsgürnden meine Beirfe
künft9g slebst schriebne warde.

„Wenn er wirklich um ein progressives
Image bemüht ist, muß er dann ausgerechnet
'Es zittern die morschen Knochen' spielen?"

„Gefällt Ihnen unsere Programmstruktur
jetzt besser, Herr Stoltenberg?"

„Von Herbstfeuern kann keine Rede sein,
Herr Barzel – wir gehen jetzt schärfer gegen
Abweichler in den eigenen Reihen vor!"

„Eine andere Rolle war in unserem
Krippenspiel leider nicht mehr
zu vergeben, Herr Kohl!"

Klein, aber fein

„Wissen Sie, wie ich das nenne, Herr Genscher?
Eine ganz üble parteipolitische
Stimmungsmache nenne ich das!"

„Natürlich wird Genscher uns zielbewußt
in die Zukunft führen – aber erst nachdem er
festgestellt hat, woher der Wind weht!"

„Solange die Kampagne gegen den häßlichen Deutschen läuft, werden wir Sie im diplomatischen Dienst nicht unterbringen können, Herr Dr. Müller!"

„Was für ein wohltuendes Gefühl,
lieber Lambsdorff, daß wir den Kontakt
mit der Basis nicht verloren haben!"

„Noch eine Anprobe, und Sie werden bei Ihrem nächsten Spitzengespräch einen blendenden Eindruck auf die Gewerkschaftsbosse machen, Graf Lambsdorff!"

„Ich fürchte, Helmut Schmidt wird
Ihnen trotzdem beim nächsten Staatsbesuch
wieder die Schau stehlen!"

„Na, Herr Genscher – immer noch nervös
wegen der Grünen?"

„Wenn die FDP ihre Existenzangst nicht bald überwindet, werden die Kabinettssitzungen künftig ganz schön mühsam sein!"

Staatsdiener

„Offensichtlich hat man gerade über die Erhöhung der Abgeordneten-Diäten abgestimmt!"

„Ihr Beamte seid doch alle gleich!"

„Ich finde die Kampfmaßnahmen
der Lehrergewerkschaft echt stark –
vor allem bei einer Mathearbeit!"

„Von Rationalisierung kann leider keine Rede sein – das einzige, was sie sich ständig ausrechnen lassen, ist die Zahl der Arbeitstage bis zur Pensionierung!"

„Passen Sie mal auf, was geschieht,
wenn ich denen sage, daß die automatische
Beförderung für Beamte wegfällt!"

„Wir müssen die Demonstration sofort abbrechen – in fünf Minuten ist Feierabend!"

Radikale und ihr Erlaß

„Sind Sie Kommunist?"

„Bei uns in Bayern wird der Radikalenerlaß wenigstens konsequent angewendet!"

„Nach gründlicher Prüfung Ihrer Akte und der einschlägigen Bestimmungen müssen wir Ihnen mitteilen, daß Ihre Weiterbeschäftigung die freiheitlich-demokratische Grundordnung gefährden würde!"

„Hoffentlich kannst du deine
Wiedereinstellung bei der Behörde erreichen –
die Schule scheint dir doch sehr zu fehlen!"

„Also gut – ich rufe den Verfassungsschutz an
und frage, ob sie unsere Demonstration
in Farbe filmen oder in Schwarzweiß!"

„Entschuldigen Sie, Monsieur,
könnte ich vielleicht noch eine Aufnahme machen,
ohne daß Sie das Schild dazwischenhalten?"

„Wir haben begründete Zweifel an seiner Verfassungstreue – er hat irgendwie so ein staatsabträgliches Lauern im Blick!"

„Mit der Gesinnungsschnüffelei ist es ja jetzt bei uns in Hamburg vorbei – trotzdem darf ich Ihnen sagen, daß Sie ein sehr attraktives Parfüm tragen, Frau Kollegin!"

Vorsicht, Rechtsstaat

„Alles lief wie am Schnürchen,
und dann hat es im Fahndungscomputer so einen
dummen Kurzschluß gegeben!"

„Ich bin zu Ihrer persönlichen Sicherheit da,
Herr Bundeskanzler – von Rückenschrubben
steht nichts in der Dienstanweisung!"

„Glauben Sie nun, daß die Arbeitsweise unserer Geheimdienste einiges zu wünschen übrig läßt?"

Ulli ist offenbar in unserer Klasse der einzige,
der nicht für den Verfassungsschutz arbeitet!"

„Dieser Blick ist es, worauf man
als deutscher Staatsanwalt heutzutage
nur allzu oft verzichten muß!"

„Und Sie sind überzeugt davon, daß unsere Nachrichtendienste Politiker in der Bundesrepublik nicht mehr bespitzeln?"

„Wir wollten ihm nur die Einladung zum Polizeisportfest überbringen, aber dann machte er eine verdächtige Bewegung. . ."

„Erst hat der Pastor sehr schön über Liebe und Versöhnung geredet, und dann kam er irgendwie auf Baader-Meinhof zu sprechen!"

„Du Idiot hast schon wieder die falsche Leitung angezapft!"

„Sie haben die neuen Anweisungen
wohl vergessen, Stadlmaier –
keine Amtshilfe mehr für fremde Geheimdienste!"

„Mußtest du denn wirklich den Vorsitz in diesem Terroristen-Prozeß übernehmen?"

„Mann, hab' ich heute einen unruhigen Docht – such mir mal schnell eine Blondine mit leichtfertigem Lebenswandel und Oberweite 96 raus!"

Kapital und Arbeit

„Und jetzt bringt Herr Dr. Schneider
von Gesamtmetall seinen Protestsong gegen
Gewerkschaftswillkür und Lohnterror zu Gehör!"

„Wir würden den Kerl ja sofort rausschmeißen,
Herr Springer – wenn wir nur wüßten,
wer von Ihnen beiden der Günter Wallraff ist!"

„Dir ist hoffentlich klar, daß ich ab sofort
die **70-Stunden-Woche** für mich fordere, Erwin!"

„Unser Vorstandsvorsitzender scheint einen sehr langfristigen Vertrag zu haben!"

„In unserem Betrieb sind jetzt alle Privilegien abgebaut – auch in der Vorstandsetage steht nur ein Getränkeautomat!"

„Im neuen Tarifvertrag haben wir uns verpflichtet, ihn zwölf Monate an seinem Arbeitsplatz zu beschäftigen!"

„Wir sollten uns die Gewinnkalkulation der internationalen Ölkonzerne vielleicht doch noch genauer ansehen!"

„Soll das etwa heißen, daß wir jetzt wieder
auf Kohle umstellen müssen?"

„Und zum Schluß unseres kleinen Tests die Frage: Möchten Sie überhaupt noch in unsere Firma eintreten?"

„Als ich im Betrieb alles wegrationalisiert hatte, habe ich mir anschließend die Familie vorgenommen!"

„Wir müssen ernsthaft überlegen, ob wir den Kollegen Müller nicht lieber ausschließen sollten!"

„Zur Weiße-Kragen-Kriminalität werden Sie mich heute nicht verleiten – alle meine Hemden sind in der Wäsche!"

„Ich fürchte, in unserer Firma hat das
mit der Aussperrung nicht ganz so geklappt,
wie es sollte, Herr Generaldirektor!"

„Wer immer noch glaubt, wir Unternehmer seien Ausbeuter und Leuteschinder, der sollte sich mal in meinem Betrieb umsehen!"

„Sagen Sie der Belegschaft, daß wir eben alle in diesen schweren Zeiten Opfer bringen müssen!"

„Ich hab's ja immer gesagt, für einen anstelligen jungen Mann findet sich auch heutzutage ein Ausbildungsplatz!"

„. . .strömt verstärkt Kaltluft polaren
Ursprungs nach Mitteleuropa. . ."

„Also, wenn du mich fragst – Chefsekretärin
kann ein ganz schön mühsamer Job sein!"

„Nach diesem Referat über die Ertragssituation jetzt noch ein Wort von unserem Personaldirektor zur künftigen Gehaltspolitik. . .”

„Bitte nicht stören – unser Chefredakteur spricht gerade mit dem Verleger!"

„Ene, mene, muh – Arbeitnehmervertreter
im Aufsichtsrat bist heute du!"

„In meinem Unternehmen ist niemand mit seinem Gehalt unzufrieden – deshalb wird es bei uns jedenfalls k e i n e n heißen Herbst geben!"

„Und was heißt auf türkisch:
'Schönen Weihnachtsurlaub, ihr seid alle
ab sofort entlassen!'?"

„Soweit wir feststellen konnten, handelt es sich um vier Dämonen, die Luzifer, Judas, Nero und Heinz-Oskar Vetter heißen!"

Atomarkus

AN MIR WERDEN DIE SICH NEN BRUCH HEBEN-ES SEI DENN, SIE FINDEN DIE BLEIBARREN IN MEINEN TASCHEN!
KKW NEE!
M

„Richten Sie den Herren der Elektrizitätswerke aus,
daß wir uns durch solche Mätzchen
auch in der Berufungsverhandlung nicht beirren lassen!"

„Was sagen Sie zu dem Vorwurf,
Herr Bundeskanzler, daß Sie sich in der
Atomfrage aus der Verantwortung stehlen?"

„Du ahnst ja nicht, was die verdammten
Atomgegner unserer Firma täglich für Ärger
machen, Liebling!"

„Melden Sie der Bundesregierung,
daß die Arbeiten bei uns mit Hochdruck
vorangetrieben werden!"

„Angenehm, Müller,
Deutsche Atom AG!"

„Sehr erfreut, Schneider,
Kernkraft GmbH!"

„Und für den Fall, daß mit Gorleben irgendetwas schief geht, nehmen wir jetzt noch vorsorglich 'Ich hatt' einen Kameraden' auf!"

„Und nun soll auch ein Gegner des geplanten
Kernkraftwerkes zu Worte kommen. . .”

„Wenn du dein Spiegelei alternativ gebraten haben willst, hör endlich auf zu fragen, weshalb das Essen noch nicht auf dem Tisch ist!"

„Ich will nicht immer nur Zivilbevölkerung,
sondern auch mal Atombomber sein, Herr General!"

„So, Herr Bundeskanzler –
ich hoffe, jetzt sind Sie annähernd über die Wirkung
der Neutronenbombe informiert!"

„Es soll keiner sagen, daß bei uns kein Geld
für zukunftsorientierte Investitionen
ausgegeben würde!"

„Die Herren von den Energieunternehmen
hatten schon immer eine drastische Art,
mehr Atomstrom zu fordern!"

„Warm. . .warm. . .wärmer. . ."

„Nach der Sicherheitsüberprüfung darf ich
mein Taschentuch dann wiederhaben,
nicht wahr, Herr Direktor?"

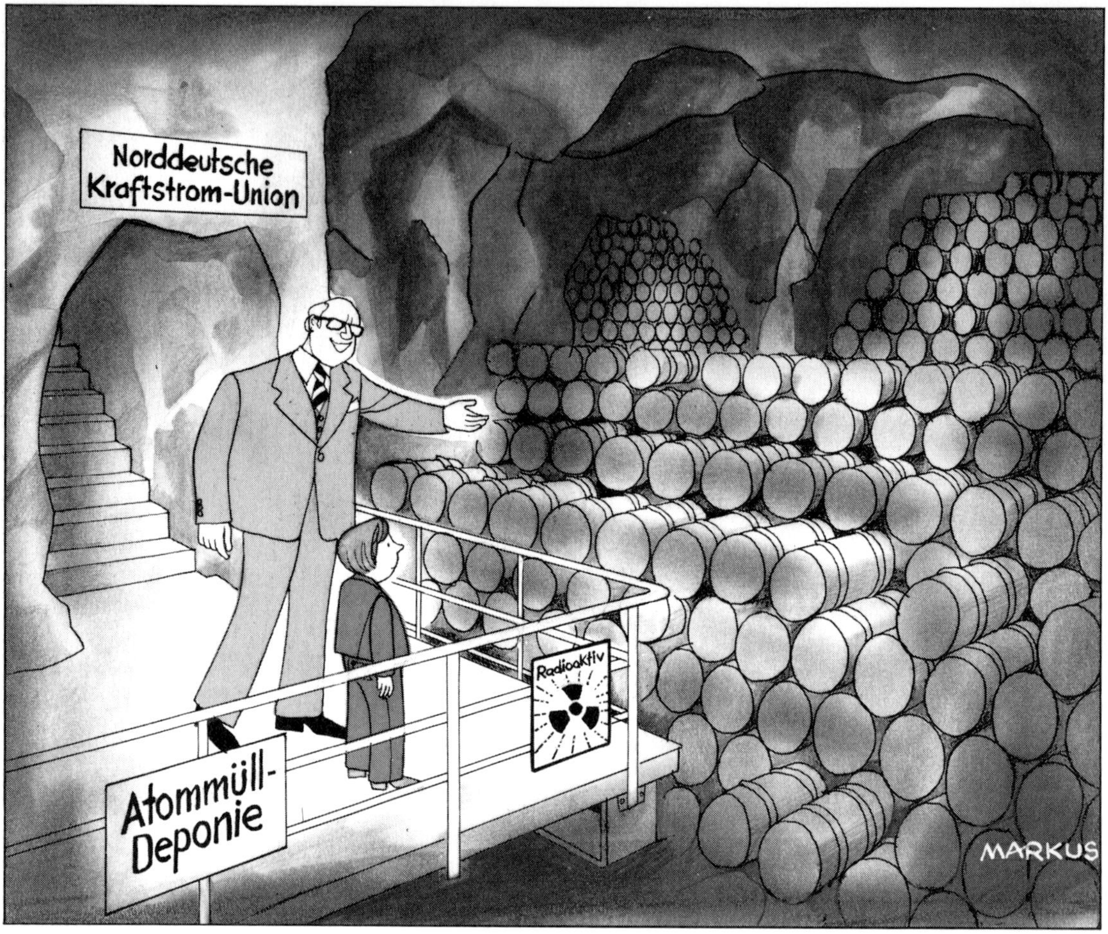

„Eines Tages wird das alles mal dir gehören,
mein Sohn!"

„Selbstverständlich steht die Partei immer noch geschlossen hinter mir – heute habe ich sogar Blumen von den Genossen bekommen!"

„Und Sie glauben, mit diesem Modell
des Schnellen Brüters werden
sich die Atomgegner eher abfinden?"

„Unser Sicherheitsexperte wird Ihnen gleich bestätigen, daß irgendwelche Unfälle in diesem Reaktor gänzlich ausgeschlossen sind!"

Schöne neue Umwelt

„Diese verdammten Grünen können einem selbst den Urlaub noch vermiesen!"

„Du brauchst den Kammerjäger nicht mehr anzurufen – das Problem hat sich von selbst erledigt!"

„SEIT SIE DIE BUNDESSTRASSE AUF ACHT SPUREN VERBREITERT HABEN, SIND WIR AUF TAUBSTUMMENSPRACHE ÜBERGEGANGEN!"

„Und worüber ist bei dieser Tagung gesprochen worden?"

„Sie behaupten also weiterhin, die ganze Umgebung hier sei durch ungesetzliche Giftablagerungen verseucht?"

„Wenn ich ihr noch 10 Prozent Sauerstoff gebe –
wetten, daß sie auf 480 Anschläge kommt. . .?"

„Können Sie denn nicht lesen?"

„Ich sehe ja ein, daß wir bis zur nächsten Wahl eine Menge grüner Stimmen zurückholen müssen – trotzdem haben mir die Einweihungen früher mehr Spaß gemacht!"

„Ich verstehe auch nicht, wie der Betriebsrat einfach behaupten kann, der Lärm hier in Halle 2 sei unerträglich, Herr Direktor!"

„In Hamburg sind sie wohl auf neue
Munitionslager gestoßen!"

Der Sozial-Klimbim

„ICH SAGTE: DIE RENTEN SIND SICHER –
jedenfalls für die nächsten 14 Tage!"

„Machen Sie denen mal klar,
daß wir nichts für die Einführung
der Rezeptgebühr können!"

„Wenn die Meckerei da unten nicht sofort aufhört, erhöhe ich die Miete um weitere 20 Prozent, verstanden?"

„Soll das heißen, daß ihr die Rentner zum Eiersuchen in den Park des Bundeskanzleramtes eingeladen und dann vergessen habt, die Eier zu verstecken?"

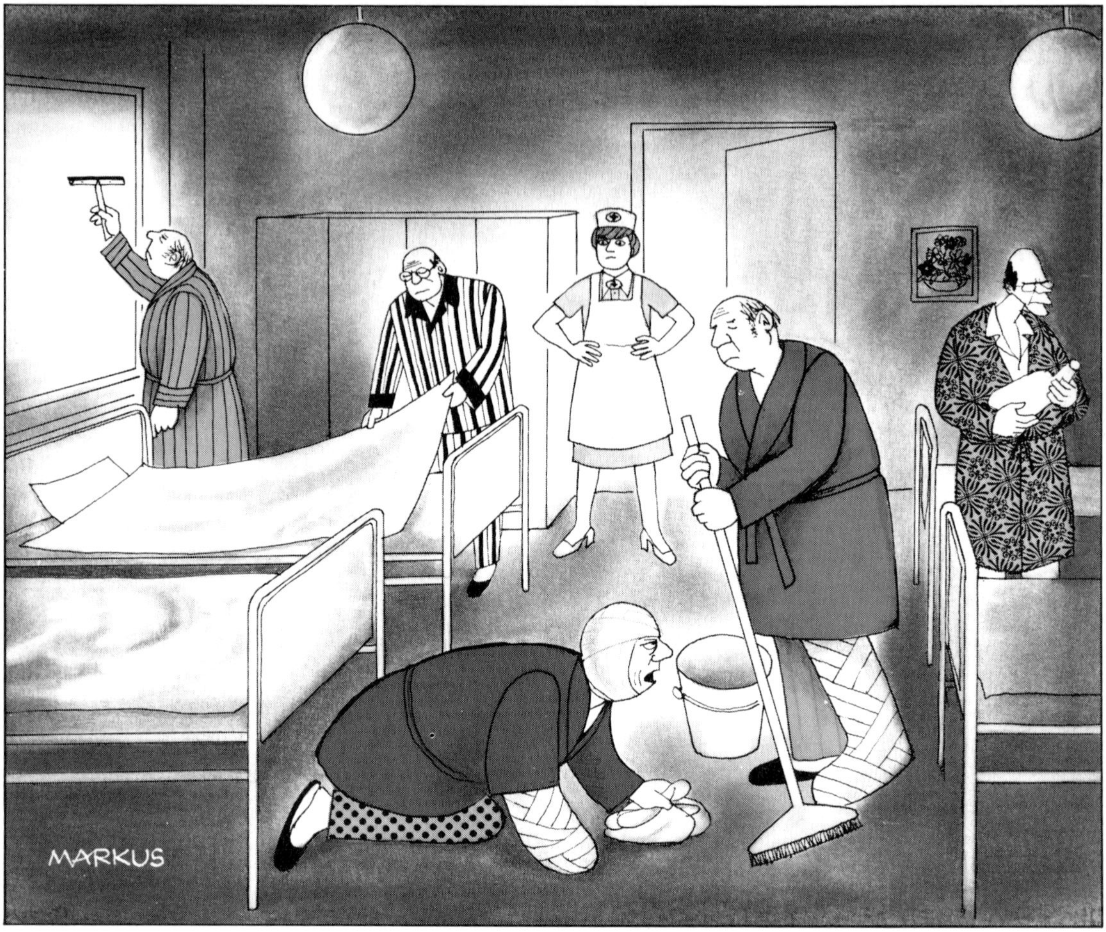

„Ist das schon die soziale Demontage,
oder hat Schwester Adelheid heute
einfach schlechte Laune?"

„Dachte ich's mir doch, Herbert – unten drunter ist alles mit alten Zeitungen ausgestopft!"

Frauenbefreiung

„Zur 35-Stunden-Woche kann ich mich nicht äußern, aber vielleicht interessiert es Sie, was ich von der 100-Stunden-Woche halte!"

„Und was haben dir deine Freundinnen
von der Frauenbewegung geschenkt?"

„Bestellen Sie bitte meinem Mann,
ich rufe ihn dann von der Klinik in London aus an!"

„Hatten Sie nicht vor neun Monaten
Ihre vielbeachtete Rede gegen den neuen
§ 218 gehalten, Exzellenz?"

„Auch Sie, Fräulein Heidi?"

„An deinen Vorstellungen über eine offene Ehe
stört mich vor allem, daß man ständig im Zug sitzt!"

„Leg doch das dumme Buch weg –
dein Süßer kommt jetzt zu dir ins Bettchen!"

„Die Sommerreise fällt in diesem Jahr aus –
Mami muß nun doch nach Holland fahren!"

„Genieren Sie sich denn gar nicht ein bißchen, gute Frau?"

„Unsere Mami scheint den Sinn
des Muttertages völlig mißverstanden zu haben!"

Götter in Weiß

„Professor Hackethal hat uns schon wieder einen Patienten vom Operationstisch geklaut, Herr Kommissar!"

„Im Honorarstreit zwischen uns Kranken-
kassen und den Zahnärzten sind die Fronten
noch immer verhärtet!"

„Ursprünglich wollte ich Chirurg werden,
aber dann hat mein Notendurchschnitt für die
Zulassung zur Uni nicht gelangt!"

„Tun Sie doch nicht so, als ob Sie schon eine Ewigkeit hier warten – Sie haben sich einfach heute morgen nicht rasiert!"

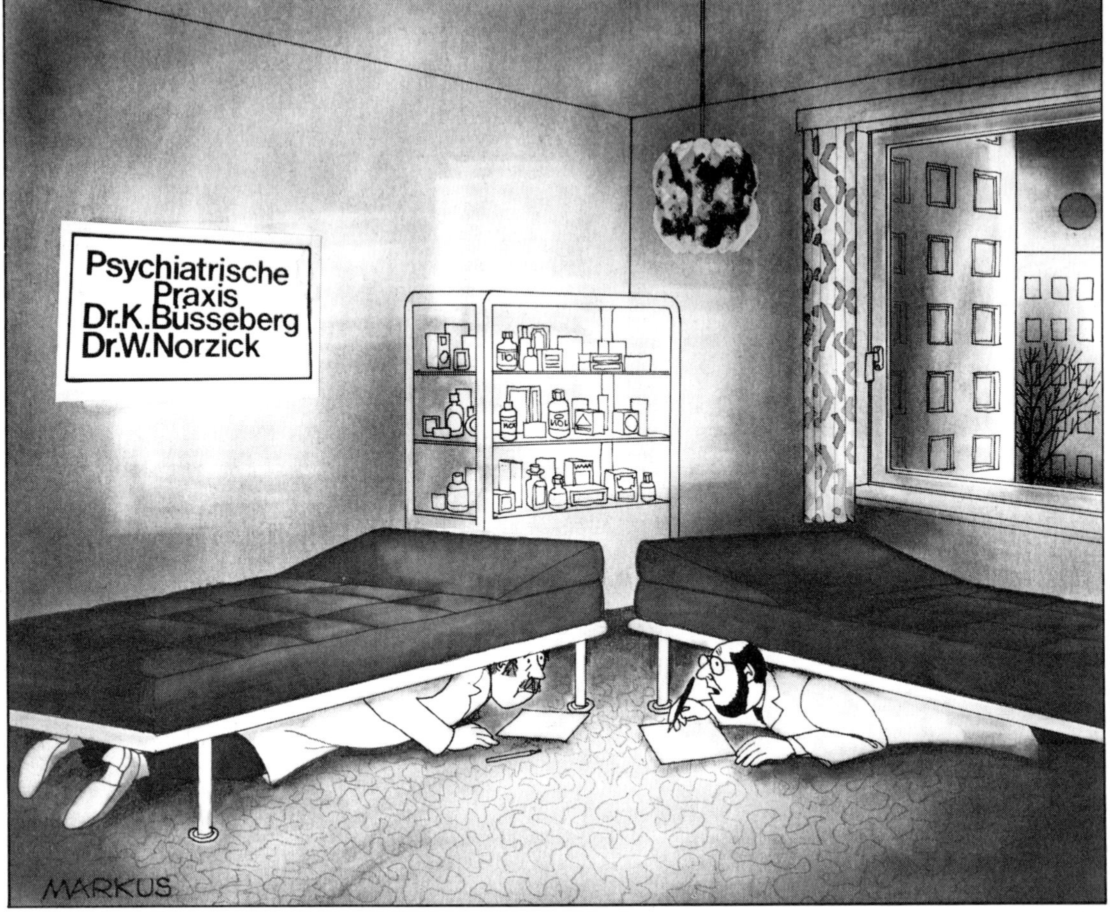

„Und seit wann haben Sie diese Zwangsvorstellungen von der Sozialisierung der Medizin, Herr Kollege?"

„Herr Professor Delius spricht jetzt über einen sehr wesentlichen Bereich ärztlichen Wirkens. . .“

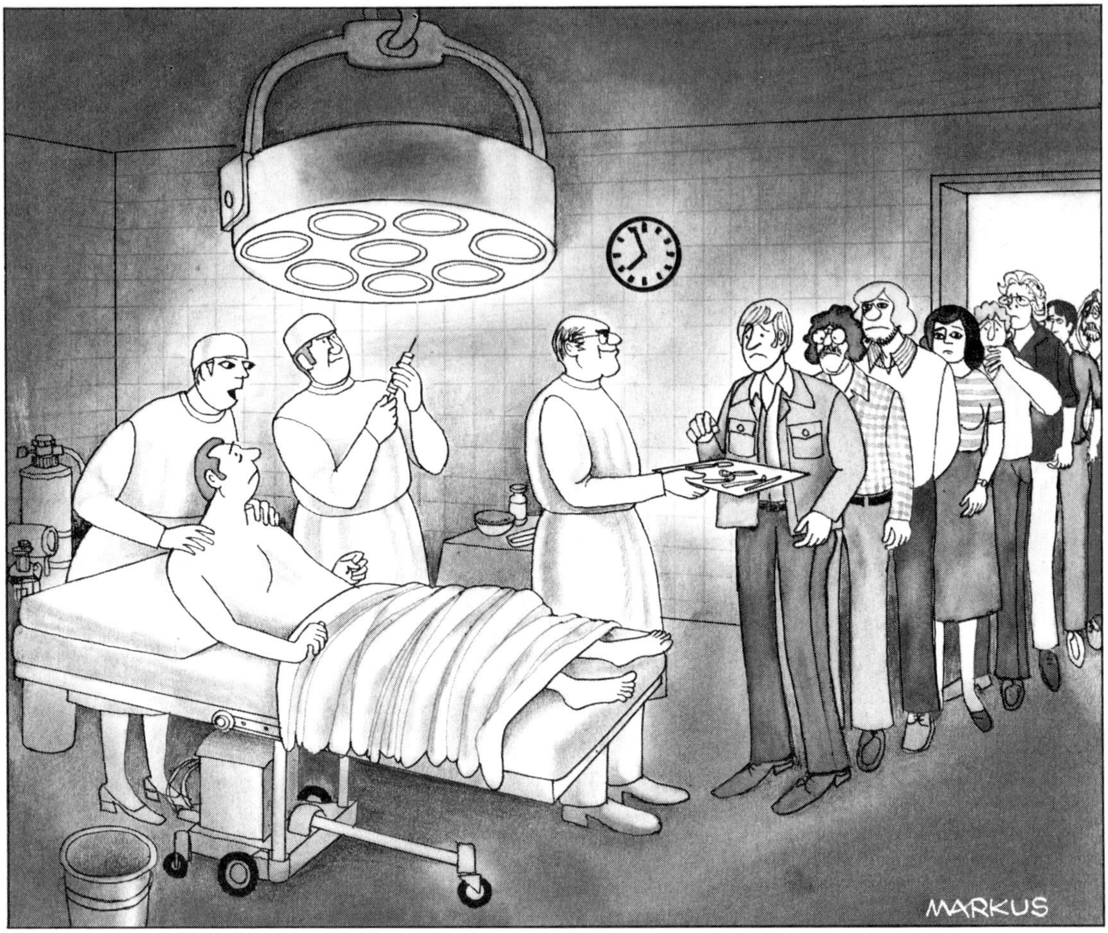

„Professor Neidhardt hat den ersten praxisnahen Test zur Auslese der Medizinstudenten entwickelt!"

„Hallo, Polizei? Mir ist ein schrecklicher Irrtum passiert.
Ich habe einer blonden Dame im blauen Mantel
ein hochwirksames Medikament weit unter Preis verkauft!"

„Die Kasse bezahlt mich nicht dafür,
mich mit jedem Wehwehchen lange aufzuhalten!"

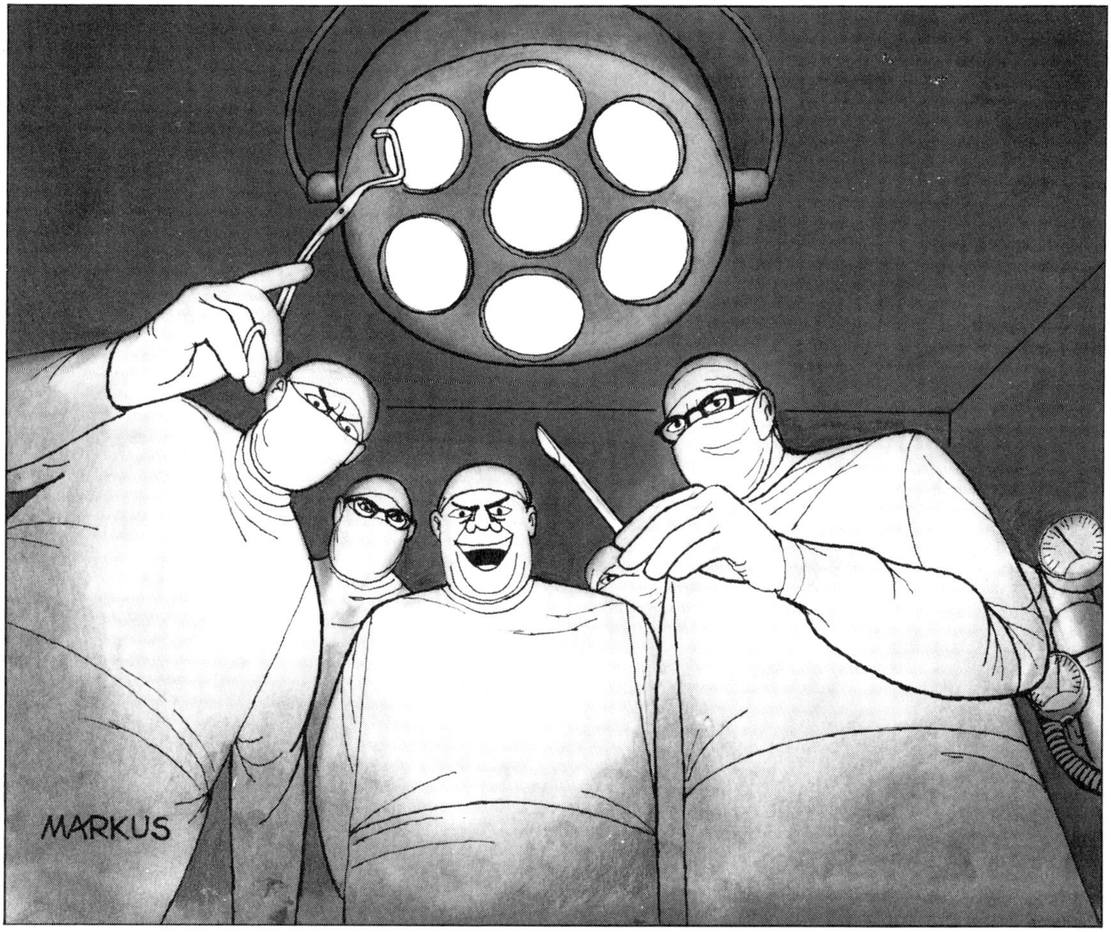

„Zunächst noch eine Frage von Chefarzt Professor Müller, Herr Abgeordneter: Wie stehen Sie zur Einführung des klassenlosen Krankenhauses?"

Dialog der Generationen

„Ich taufe dich auf die Nummer. . .“

„Opa ödet mich mit seinen Weltkriegserlebnissen an
und Papi mit seinen Apo-Heldentaten!"

„Und vor allem wüßten wir gern,
ob unsere Rente gesichert ist!"

„Auf die Einführung der 20-Stunden-Woche
zu warten – ist dir das als Lebensaufgabe
nicht zuwenig, mein Junge?"

„In unserer Schule kommen wir sehr gut
ohne die Prügelstrafe aus!"

„Sie haben es wohl nicht richtig mitgekriegt, junger Freund – Postkarte genügt nicht mehr!"

„Es dürfte dir nicht entgangen sein, Bernd-Oliver, daß der Rest der 6c den Schülerstreik gestern beendet hat!"

„Meine Partei wird nicht zulassen, daß der Streit
um die Gesamtschule auf dem Rücken unserer Kinder
ausgetragen wird, Herr Kollege!"

„Ständig hast du uns erzählt, wie glänzend es den Arbeitern heutzutage geht, und jetzt bist du über Diethelms Berufswahl entsetzt!"

„Tut mir leid, Herr Direktor –
aber wir haben darüber abgestimmt!"

„Wir Politiker hätten den Dialog mit der Jugend viel eher begonnen, wenn die Panzerglashersteller nicht so lange Lieferfristen hätten!"

„Kannst du deine Staatsverdrossenheit nicht wenigstens dann ablegen, wenn Onkel Reinhard und Tante Beate zu Besuch kommen?"

Vergangenheits-
bewältigung

„Aber, aber, Herr Kollege – ein paar nazistische Schülerkritzeleien müssen Sie doch nicht so tragisch nehmen!"

„Herr Filbinger hat es übrigens nicht gern,
wenn man in seiner privaten
Andenkensammlung herumstöbert!"

„Sobald mit Opas Verjährung alles klar ist,
geht er sicher auch mal mit dir auf den
Abenteuerspielplatz!"

„Bringen sie etwa schon wieder ein neues
Buch über Hitler heraus?"

„Daß man sich auf den Wachttürmen in der
ständigen Zugluft einen Schnupfen nach dem anderen holte –
davon ist heute natürlich keine Rede mehr!"

„Soll das heißen, daß du es nicht mal bis
zur Waffen-SS gebracht hast, Papi?"

VS-Vertraulich

BUNDESAMT FÜR [redacted]
Abt. XI, 5 Subversives Witzlertum
Gesch-Z.: III Ag/7 3-o71-M-647

nach Durchsicht erl. Bu 28.1.80

5000 KÖLN 1, den 25.1.198o
Postfach [redacted]
Fernruf ([redacted]

Geheim

1. Ausfertigung
4 Seiten

GEHEIM
amtlich geheimgehalten

1. Vermerk zu den Akten

Betr.: Operation "MARKUS"

1. VII B 1 z. Kt.
2. zum Vorgang bei III AG

Daten zur Person

Name:	von MORGEN
Vorname:	Jörg, Mark-Ingraban
Pseudonym:	MARKUS
Ausgeübter Beruf:	Kar~~x~~ikaturist
Akademische Titel:	Keine
Orden und Ehrenzeichen:	Keine
Familienstand:	Verheiratet
Personalausweis-Nr.:	J 0948746
Reisepaß-Nr.:	E 7475442
Steuer-Nr.:	09/109/02733
Angestelltenversicherungs-Nr.:	59 160528 M 007
Krankenkassen-Nr.:	061476610 352
Beate-Uhse-Kundenversand-Nr.:	6 15842328
Kfz.-Kennzeichen:	Entfällt, U-Bahnfahrer
Arbeitgeber:	Gruner & Jahr AG & CO
Kostenstelle:	1o67
Größe (in cm):	189
Farbe der Augen:	Braun, schwarz und weiß
Gewicht:	78 kg
Schuhgröße:	44 1/2
Kragenweite:	4o
Mützengröße:	59
Besondere Kennzeichen:	Brillenträger (R:-3,5/L:-1,5) Lenin-Glatze, kein Bart
Abartige Neigungen:	Marx-Sympathisant (Groucho, Harpo, Chico)
Sonstige Hobbys:	Jazzmachen, Fremdsprachen, Nichtimgartenarbeiten
Bevorzugtes Kopfschmerzmittel:	Optalidon spezial

!

EINGANG
27. JAN. 1980

Linker Daumen:

GEHEIM
amtlich geheimgehalten

Sche. 29.1.80

Rechter Daumen:

VS-Vertraulich

Biographische Erkenntnisse

Laut Aussage der Hebamme Minna JASINSKY wurde M. am 16.5.1928 in Berlin-Wannsee geboren. Bereits mit 1o Jahren trat er in eine rechtsextremistische Jugendorganisation ein (Jungbann 198 der Hitlerjugend).

M. besuchte Volksschule und Gymnasium mit wechselndem Erfolg. Dem Amt liegt das Original eines Zeugnisses der 6. Klasse vor, in dem es wörtlich heißt: "In den Leibesübungen zeigte er sich interesselos und gleichgültig". Mit 12 Jahren bewies M. erstmalig staatsabträgliche Neigungen (Aussage von Augenzeugen): M. fügte in ein von ihm für den Zeichenunterricht gefertigtes Gemälde "Belagerung einer mittelalterlichen Stadt" ein Bombenflugzeug vom Typ Vickers Wellington ein und wurde dieserhalb von Studienrat MERKER mit dem Rohrstock gezüchtigt.

Während des Zweiten Weltkrieges war M. u.a. als Landarbeiter, Hilfsdreher in einem Rüstungsbetrieb, Flakhelfer, Arbeitsdienstler sowie als Grenadier im Ersatzbattaillon 378 (zwecks Bedienung einer Panzerfaust) tätig. M. nutzte keine der ihm so gebotenen Bewährungschancen. Anfang April 1945 desertierte er bei Brakel in Westfalen von seiner Militäreinheit.

!! Der Wiederaufbau Deutschlands nach dem Kriege fand weitestgehend ohne M. statt. Vor allem mit Mädchen, Alkohol und mit dem Blasen einer Jazztrompete beschäftigt, machte er erst im zweiten Anlauf das Abitur (Auskunft der Schulbehörde Hamburg). Während seine Familie ihm die juristische Laufbahn zugedacht hatte, gründete M. eine Jazzband und wurde Kunstschüler am "Baukreis", Hamburg. Gewährsleute berichten, er habe dort seine erste Witzzeichnung produziert. Zusammen mit Gesinnungsgenossen gab M. die Kinderzeitschrift BiBaBo heraus. Sie stellte ihr Erscheinen nach der zweiten Nummer ein. Die antikapitalistischen Ressentiments des M. werden hierauf zurückgeführt (psychiatrisches Gutachten anbei).

BR
28.1.80

1952 druckte der STERN leichtsinnigerweise die erste Karikatur des M., und das Unheil nahm seinen Lauf.

M. ging 1953 die Ehe mit Helga, geb. WITTJE, ein (Standesamt Eimsbüttel). Dieser Ehe entstammen die Kinder Barbara, Robert und Philipp. Auf der Höhe des Wirtschaftswunders betrugen seine Einkünfte aus Karikaturproduktionen DM 150,00 pro Monat (Finanzbehörde Hamburg).

Wohl aus diesen Gründen beschloß M. einen neuen Start in der freien Marktwirtschaft. Mit einem grauen Flanellanzug getarnt, besuchte er zwei Jahre Abendkurse in der Werbefachschule Hamburg. Von 196o - 1968 mehrte M. das Bruttosozialprodukt als Kundenberater in verschiedenen Werbeagenturen. An den Wochenenden zeichnete er weiterhin Subversives.

GEHEIM
amtlich geheimgehalten

VS-Vertraulich

1964 richtete der STERN die ständige Rubrik "Satire" ein. M. lieferte die hämischen Zeichnungen dazu. 1968 ließ M. Chappi (die gesunde Vollnahrung für Hunde), Trill (mit Jod-S-11-Körnchen) und Kitekat (damit die Katze alles hat) im Stich und wurde hauptberuflicher Zeichner beim STERN. Ohrenzeugen überliefern den Kommentar seines damals neunjährigen Sohnes: "Mein Vater wird jetzt Gammler!".

M. hat bisher im STERN ca. 3 ooo seiner politisch oder moralisch fragwürdigen Karikaturen veröffentlicht. Die Reaktion der Leser blieb nicht aus:

> "Die Karikatur auf Seite 194 ist geradezu ein Hymnus auf das Verbrechen an der Menschheit."
> Cand. phil. Hans-Michael F., Alfeld

> "Der Verdacht drängt sich auf, daß dem Herrn M. der Unterschied zwischen Zynismus und Satire nicht recht geläufig ist."
> Dipl.-Ing. Hans W., Hamburg

> "Dieser Brief ist leider die einzige Möglichkeit, sich gegen diese Schmierfinkerei zu wehren."
> Kurt H., Gummersbach

> "Böswillige Hetze."
> Gretel Sch., Munster/Örze

> "Eine Diskrimination des weiblichen Geschlechts."
> Eva St., Stuttgart

> "Frauenfeindliche Entgleisungen."
> Ruth O., Karlsruhe

> "Geschmack-, stillos und deprimierend."
> Karl F., Bankbeamter a.D., Essen

> "Wir nennen dies schlicht Volksverdummung."
> Zeitschrift der deutschen Postgewerkschaft

> "Geschmacklose Verunglimpfung der Waffen-SS."
> Willi S., Löhnberg

> "Unser Mandant würde es bedauern, diesbezüglich gerichtliche Schritte einleiten zu müssen."
> Rechtsanwälte Wolfgang K., Dr. Donald G. und Joachim L., Bad Schwartau.

(Mikrofilme liegen dem Amt vor.)

Für die Unbelehrbaren in unserem Land erschienen in den letzten Jahren drei Bücher des M.: "MARKUS - Zeitkritische Zeichnungen", "Versexte Welt" und "Geschichten, die das Leben schrieb" (STERN-Buch).

GEHEIM
amtlich geheimzuhalten

GEHEIM
amtlich geheimgehalten

Ausforschungen zur Arbeitsweise

Vorbemerkung: M. liest regelmäßig mehrere Zeitungen und Zeitschriften. Soweit bei der Arbeit möglich, hört er die Bundestagsdebatten im Radio. Dies führt offenbar zu krankhaftem Haß gegen Politiker und andere Führungspersönlichkeiten in Staat und Gesellschaft.

Phase 1: An jedem Mittwoch trifft M. besonders rechtzeitig in der Redaktion ein, denn an diesem Tag ist die wöchentliche Satire-Karikatur fällig. Nachdem er Frankfurter Rundschau und Allgemeine, Welt, Bild und Süddeutsche Zeitung durchflogen hat, versinkt M. in einen kreativen Dämmerzustand, die Füße auf den Tisch (!) gelegt. Er hat sich verschiedene Themen der Woche notiert, zu denen ihm Ideen kommen sollen.

Phase 2: Es vergehen ca. 3 Stunden. In dieser Zeit hat M. die Toilette aufgesucht, ein Glas Milch getrunken, ca. 5 Butterkekse, Marke SUM, der Bielefelder Keksfabrik Stratmann und Meyer verzehrt und etwa sechs Ideen mit Text produziert. Er skizziert die Ideen und schreibt die Unterschriften darunter, wozu er eine weitere Stunde benötigt. Gegen Mittag sucht M. den Leiter des Ressorts "Humor und Satire" auf und legt ihm die Skizzen vor. Den Einflüsterungen des M. folgend oder auch nicht, entscheidet der Ressortchef, welche Zeichnung gedruckt werden soll. Der Text wird als Manuskript geschrieben. Die Skizze dient dem M. als Unterlage für die Reinzeichnung. Sehr zufrieden mit sich selbst geht M. erst einmal zu Tisch.

Phase 3: Es folgt ein Mittagsschlaf auf vier zusammengestellten Bürostühlen, von dem M. behauptet, daß es sich nur um ein kurzes Nickerchen von "einem Viertelstündchen oder so" handele, während seine nähere Umgebung ganz andere Zeiten nennt. Zu Beginn der Nachmittagsarbeit macht M. zunächst eine Kompositionsskizze. Als Vorlage für seine Figuren fotografiert er sich selbst mit der Polaroid-Kamera. Er überträgt die Skizze auf Karton, legt die Zeichnung in Blei an, zeichnet das Ganze schließlich mit der Feder nach und tönt es mit Graphit, Bleistift und Klebefolien. Schriften werden mit Letraset hergestellt, perspektivisch fotografiert und in die Zeichnung eingeklebt. Auch andere Elemente, wie Lampen oder Gemälde, werden gelegentlich als Fertigteile einmontiert.

Donnerstag, am frühen Nachmittag, ist die Karikatur meist fertig. Je nach Schwierigkeitsgrad benötigt M. 1o - 16 Stunden bis zur fertigen Reinzeichnung.

VS-Vertraulich

GEHEIM
amtlich geheimgehalten

„Du magst zur schweigenden Mehrheit gehören,
aber schnarchen tust du ganz schön laut!"